UNESCO-Weltkulturerbe
REGENSBURG
Zwei Jahrtausende in Bildern

Texte von Martin Kluger
Fotos von Wolfgang B. Kleiner

Hrsg.
M.S. Media-Service und Verlagsgesellschaft mbH

Impressum

Martin Kluger | Wolfgang B. Kleiner

UNESCO-Weltkulturerbe Regensburg.

Zwei Jahrtausende in Bildern

Herausgeber:

M.S. Media-Service und Verlagsgesellschaft mbH | Blizz

Geschäftsführer: Wolfgang Herzog

context verlag Augsburg

ISBN 978-3-939645-39-9

2. Auflage, Juni 2011

Alle Rechte vorbehalten.

Konzeption und Text:

Martin Kluger

Fotografie:

Wolfgang B. Kleiner

Umschlaggestaltung:

Thomas Leberle

Druck:

Aumüller-Druck, Regensburg

Bibliografische Information der Deutschen Nationalbibliothek

Die Deutsche Nationalbibliothek verzeichnet diese Publikation

in der Deutschen Nationalbibliografie, detaillierte bibliografische

Daten sind im Internet über http://dnb.d-nb.de abrufbar.

© context verlag Augsburg, 2011

www.context-mv.de

UNESCO-Weltkulturerbe
REGENSBURG
Zwei Jahrtausende in Bildern

Martin Kluger | Wolfgang B. Kleiner

M.S. Media-Service und Verlagsgesellschaft mbH

Geheimnisvolles Regensburg: Um den Dom und das Rathaus der Donaustadt sind die Denkmäler der fast 2000 Jahre währenden Stadtgeschichte zu entdecken.

Inhalt

Die beinahe 2000-jährige Geschichte des von den Römern gegründeten Regensburg
Vom „mittelalterlichen Wunder Deutschlands" zur modernen Stadt — 6

Regensburg: Relikte aus zwei Jahrtausenden – und das Wunder ihrer Erhaltung
Gründung der Römer, Metropole des Mittelalters und Weltkulturerbe — 8

Von der Stadtgründung bis zum Untergang des Römischen Reichs
Das Lager der Römer und die ersten Christen — 10

Hauptstadt Bayerns, Königs- und Kaiserstadt und Stadt der Bischöfe
Vom frühen Mittelalter zu den Rätseln der Romanik — 16

Die Steinerne Brücke, Patrizierburgen und Geschlechtertürme, Rathaus und Dom
Das reiche Regensburg und sein Weg zur Freien Reichsstadt — 34

Regensburg wird protestantisch – und erneut ein politisches Zentrum des Reichs
Die Reformation, das Barock und der „Immerwährende Reichstag" — 66

Vom Ende der Freien Reichsstadt bis zur Zeit des Nationalsozialismus
Die Residenz der Thurn und Taxis und die königlich-bayerische Stadt — 82

Die einzigartige Stadt wird gefeiert und feiert sich selbst
Regensburg: Weltkulturerbe und boomende Großstadt — 100

Von der Gründung bis zur Gegenwart
Die Geschichte Regensburgs in Daten — 112

Literaturhinweise — 118

Bildnachweis — 119

Der Autor — 120

Der Fotograf — 120

Die beinahe 2000-jährige Geschichte des von den Römern gegründeten Regensburg

Vom „mittelalterlichen Wunder Deutschlands" zur modernen Stadt

Die Donau, die Steinerne Brücke, der Dom und das mittelalterliche Stadtbild: Vieles von dem, was Regensburg ausmacht (aber längst nicht alles), ist auf dieser Aufnahme vereint. Im Jahr 2006 wurde die Regensburger Altstadt gemeinsam mit dem am anderen Ende der Steinernen Brücke liegenden Stadtteil Stadtamhof in die Welterbe-Liste der UNESCO aufgenommen. Damit wird die Bedeutung der romanischen und gotischen Baudenkmäler Regensburgs ebenso gewürdigt wie die Tatsache, dass dieses süddeutsche Zentrum der mittelalterlichen Baukultur auf deutschlandweit einmalige Art und Weise die politischen, kirchlichen, bürgerlichen und adeligen Repräsentationsbauten eines Zeitraums von weit mehr als einem Jahrtausend bewahrt hat.

Regensburg: Relikte aus zwei Jahrtausenden – und das Wunder ihrer Erhaltung

Gründung der Römer, Metropole des Mittelalters und Weltkulturerbe

Regensburg – wie soll man die Stadt für den beschreiben, der sie nicht kennt? Wo anfangen? Bei der Donau, beim Dom oder bei der Steinernen Brücke? Oder damit, dass diese Stadt in so ziemlich allem ein bisschen anders ist als andere deutsche Städte? Warum? Weil man hier eine Garage findet, über deren Einfahrt ein romanisches Fenster eingemauert ist. Weil man hier über dem Eingang zu einem Getränkemarkt einen eingemauerten Loggienbogen entdeckt oder weil hier eine Sparkassenfiliale hinter der fast unzerstörten Fassade eines mittelalterlichen Hauses arbeitet. Und auch, weil hier mitten durch eine Tiefgarage ein rund 70 Meter langer Abschnitt der noch teilweise erhaltenen Römermauer verläuft.

Das alles ist schwer in Worte zu fassen, man muss es sehen. Deshalb sollen hier zunächst einmal nüchterne Fakten stehen: Fast 2000 Jahre (zumindest aber zwei Jahrtausende) ist dieses Regensburg alt, wenn man das Eintreten des römischen Weltreichs in die Stadtgeschichte und das daraus resultierende „Castra Regina" als Maßstab nimmt. „Ratisbona" lautet ein weiterer historischer Name Regensburgs, der sogar in die Zeit vor den Römern verweist, als Kelten in der Gegend siedelten.

984 Baudenkmäler haben allein die Regensburger Altstadt und der Stadtteil Stadtamhof angehäuft. Herzöge und Fürsten, Könige und Kaiser, Bischöfe, Mönche, Fernhandelskaufherrn, Handwerker und nicht zuletzt große Künstler waren dafür verantwortlich. Seit Juli 2006 sind die einstige Freie Reichsstadt und Stadtamhof – das erst 1924 eingemeindete, bis 1810 noch ausländisch-bayerische Pendant am nördlichen Donauufer – deshalb Bestandteil der Welterbe-Liste der UNESCO.

All dies belegt die Einzigartigkeit der Stadt, die man „mittelalterliches Wunder Deutschlands" genannt hat, und ein Wunder ist es, dass Regensburg derart viele Schätze des Mittelalters bewahren konnte. Zu verdanken ist dies weniger dem Wissen früherer Generationen um die historischen Werte als vielmehr einer Reihe glücklichster Zufälle. Glücksfall Nummer eins: Nach dem Ende des Römischen Reichs stieg das nach wie vor stark befestigte Regensburg zur ersten Hauptstadt Bayerns auf, später zum europaweit ausstrahlenden politischen, kirchlichen und – nach der Jahrtausendwende – auch wirtschaftlichen Zentrum. Die zentrale Lage an der Donau, der Bau der Steinernen Brücke – im Mittelalter der einzige vollständig gemauerte Donauübergang zwischen Ulm und Wien – und das Geschick ihrer Fernhandelskaufleute machten die Stadt reich.

Dass sich Regensburg heute die „romanischste Stadt Deutschlands" und die „nördlichste Stadt Italiens" nennen darf, ist dem (aus heutiger Sicht gesehen) zweiten „Glücksfall" in der Stadtgeschichte geschuldet. Denn all die romanischen Kirchen und Kapellen, die Patrizierburgen und Geschlechtertürme, der gotische Dom und die engen Altstadtgassen wären so nicht erhalten, wäre nicht die einst reiche Stadt im späten Mittelalter im Schatten der aufstrebenden süddeutschen Handelsmetropolen Nürnberg und Augsburg verarmt. Diese Armut war bis weit ins 20. Jahrhundert der beste Denkmalschutz.

Glücksfall Nummer drei: Als die meisten deutschen Städte am Ende des Zweiten Weltkriegs in Trümmern lagen, war Regensburg weitestgehend der Zerstörung entgangen. Wenig später kam der vierte Glücksfall dazu: Zwar waren auch in Regensburg die autogerechte Stadt und die damit verbundenen Abbrucharbeiten schon geplant, doch machten der Geldmangel und die allmählich einsetzende Erkenntnis vom unschätzbaren Wert der historischen Bausubstanz derartigen Überlegungen ein Ende. Seit 1976 steht die komplette Altstadt (mit Stadtamhof) als Ensemble unter Denkmalschutz.

Regensburg liegt am nördlichsten Punkt des zweitlängsten europäischen Flusses. Das zog die Römer an, die hier ab dem 1. Jahrhundert siedelten und 179 nach Christus ein massiv befestigtes Legionslager zum Schutz ihrer Grenze gegen die Barbaren erbauten. Diese Gründung bezeugt eine steinerne Inschrift – die älteste dieser Art in Deutschland. Nach ihrem Abzug ließen die letzten römischen Soldaten intakte Mauern zurück, die schon bald die eingewanderten Bajuwaren dazu bewogen, die stark befestigte Stadt als Keimzelle und als erste Hauptstadt des neu entstehenden Bayern zu nutzen.

200-mal sollen Kaiser oder Könige zwischen 788 und 1254 in Regensburg gewesen sein, die Zeit der Karolinger (788 bis 911) wird als politischer Höhepunkt der Stadtgeschichte gesehen. Weil außerdem Missionare, Mönche und Bischöfe die frühere Römerstadt zum kirchlichen Zentrum machten, sah der Universalgelehrte Honorius Augustodunensis im 12. Jahrhundert in Regensburg die einzige erwähnenswerte Stadt Deutschlands. 1245 wurde Regensburg zur Freien Reichsstadt, nachdem es ab 788 immer drei Stadtherren gedient hatte – dem Kaiser oder König, dem jeweiligen Herzog in Bayern und dem Bischof. Zu einem politischen Zentralort Europas sollte die Stadt dann noch einmal – während des „Immerwährenden Reichstags" von 1663 bis 1806 – werden.

Die Reichstage im Alten Rathaus werden heute als Vorläufer des deutschen, wenn nicht des europäischen Parlamentarismus gesehen. Am Ende dieser Epoche blieb Regensburg immerhin das Fürstenhaus Thurn und Taxis erhalten, das ab 1812 das säkularisierte Kloster St. Emmeram zu einer der glanzvollsten fürstlichen Residenzen Europas ausbauen ließ. Dennoch verbannten Kaiser Napoleon und das junge Königreich Bayern, an das Regensburg 1810 fiel, die Donaustadt für längere Zeit in die politische und einmal mehr wirtschaftliche Bedeutungslosigkeit. Schlussendlich kam auch dies der Erhaltung Regensburgs zugute, das lange Zeit nur sehr langsam wuchs. Erst nach dem Zweiten Weltkrieg wurde Regensburg zu einer prosperierenden Großstadt mit heute 150 000 Einwohnern.

Was für eine Stadt. Und was für Bilder. Viel zu viele, um sie auch nur annähernd in einem Bildband darzustellen. Fast 150 Aufnahmen versuchen trotzdem, auf mehr als hundert Seiten durch die Geschichte und Geschichten Regensburgs zu leiten – eine fotografische Stadt(ver)führung durch zwei Jahrtausende.

Von der Stadtgründung bis zum Untergang des Römischen Reichs

Das Lager der Römer und die ersten Christen

Im Jahr 179 nach Christus gründen die Römer am nördlichsten Punkt der Donau das antike Regensburg. Die Gründungsinschrift sieht man heute im Historischen Museum der Stadt Regensburg. Von der Uneinnehmbarkeit des damals wichtigsten Militärstützpunkts der Römer nördlich der Alpen zeugen bis heute die Steinquader der Nordostecke der Mauer, die einst eine Fläche von rund 33 Fußballplätzen einschloss. Die Festung an der Mündung des Flüsschens Regen in die Donau nennt man „Castra Regina", woraus sich der Name „Regensburg" entwickeln wird. Regensburg bleibt bis zu dessen Untergang ein Teil des römischen Weltreichs. Hinter den schützenden Mauern der Donaustadt leben bereits in römischer Zeit die ersten Christen.

Das offizielle Entstehungsjahr der Stadt gibt eine Gründungsinschrift aus Stein an. 179 nach Christus hatte der Legionskommandant über dem Osttor des Kastells eine über acht Meter lange Tafel anbringen lassen. Regensburgs römische Historie reicht jedoch weiter zurück: Die Römer hatten wohl schon um 35 nach Christus ein Kastell am Donaubogen gebaut, um 80 nach Christus war ein Kastell im Stadtteil Kumpfmühl entstanden. Germanen verwüsten um 170/175 diese Militär- und Zivilsiedlungen. Mit dem Bau der neuen Grenzfestung reagiert Kaiser Mark Aurel auf die Zerstörungen: Die Porta Praetoria ist eines der vier von Türmen flankierten Tore des römischen Kastells.

179 nach Christus

Eine steinerne Gründungsinschrift hält das Entstehungsjahr Regensburgs fest

um 350 bis 450

Für die Germanen sind die Mauern des römischen Regensburg fast uneinnehmbar

Bis heute sieht man Reste der einst zweieinhalb Meter breiten und bis zu acht Meter hohen Römermauer, die mit vier massigen Toranlagen und 20 Türmen für die Germanen nahezu unbezwingbar ist. Dennoch zerstören sie die Stadt dreimal. Der Verlauf der Mauer von „Castra Regina" ist noch im heutigen Straßenbild erkennbar. Die regulären Truppen Roms sind um 400 abgezogen. Vermutlich bis um das Jahr 450 halten Föderaten die Festungsstadt an der Donau. Im römischen Regensburg leben bereits erste Christen: Der Grabstein der Sarmannana entsteht in der zweiten Hälfte des 4. Jahrhunderts und gilt als das älteste eindeutig christliche Grabdenkmal Bayerns.

Hauptstadt Bayerns, Königs- und Kaiserstadt und Stadt der Bischöfe

Vom frühen Mittelalter zu den Rätseln der Romanik

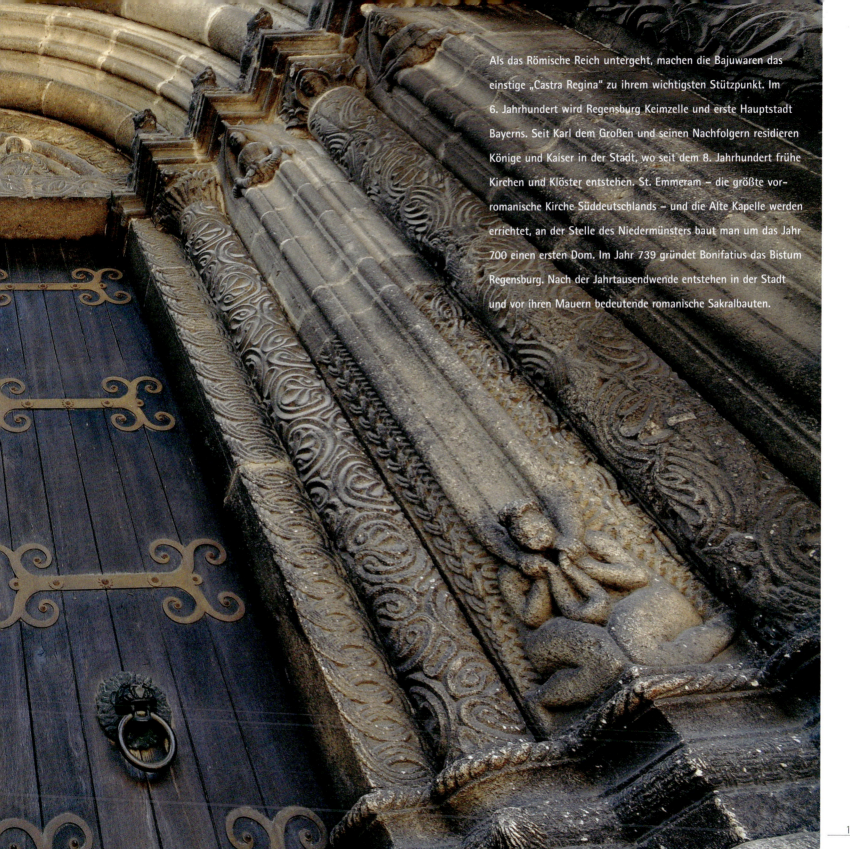

Als das Römische Reich untergeht, machen die Bajuwaren das einstige „Castra Regina" zu ihrem wichtigsten Stützpunkt. Im 6. Jahrhundert wird Regensburg Keimzelle und erste Hauptstadt Bayerns. Seit Karl dem Großen und seinen Nachfolgern residieren Könige und Kaiser in der Stadt, wo seit dem 8. Jahrhundert frühe Kirchen und Klöster entstehen. St. Emmeram – die größte vorromanische Kirche Süddeutschlands – und die Alte Kapelle werden errichtet, an der Stelle des Niedermünsters baut man um das Jahr 700 einen ersten Dom. Im Jahr 739 gründet Bonifatius das Bistum Regensburg. Nach der Jahrtausendwende entstehen in der Stadt und vor ihren Mauern bedeutende romanische Sakralbauten.

555 bis 980

Regensburg wird zur Hauptstadt Bayerns und St. Emmeram zum „Nationalheiligtum"

555 wird Garibald als erster bayerischer Herzog erwähnt, Regensburg ist die erste Hauptstadt Bayerns. Um 685 martert der Sohn des Herzogs Theodo Wanderbischof Emmeram (der einer Legende nach die Schuld an der Schwangerschaft der Herzogstochter Uta auf sich genommen hat) zu Tode. 780/790 baut man die Ringkrypta, in der man den Märtyrer bestattet, und mit ihr die Basilika St. Emmeram. Die Kirche wird zum „Nationalheiligtum" des frühen Bayern. An die Emmeramskrypta lässt Bischof Wolfgang die Krypta für Abt Ramwold anbauen. Auch Wolfgang (unten) selbst wird in der Basilika bestattet. Seit 1350 zeigt die Emmeramstumba (oben) den Heiligen lebensgroß.

Um 680 war Wanderbischof Erhard an den Hof des Bayernherzogs Theodo gekommen. In der Saalkirche des Niedermünsters, eines der ältesten Klöster Bayerns, wird der Heilige um 700 bestattet. Diese Kirche ist wohl der erste Dom Regensburgs. Ein Neubau Herzog Heinrichs I. von 950 wird von seiner Witwe Herzogin Judith vollendet. Sie wird die Äbtissin des Klosters: Eine Tumbafigur von 1631 zeigt die Herzogin mit der Niedermünsterkirche im Arm. Erhards Grab liegt unter der dritten, um 1150 erbauten romanischen Kirche: An ihrer Nordwand zeigen eine Steinschranke, die lebensgroße Steinfigur Erhards (oben) und ein Reliquienschrein die Lage seiner Tumba.

um 680 bis 1150

Wanderbischof Erhard: letzte Ruhestätte unter der Niedermünsterkirche

739 bis 1176
Die Anfänge des Bistums Regensburg, des Doms und des Domkreuzgangs

739 gründet Bonifatius das Bistum Regensburg: Die Zeit der Wanderbischöfe endet. Am Platz des heutigen Doms entsteht um 800 eine Bischofskirche. Sie wird Anfang des 11. Jahrhunderts massiv erweitert und nach den Bränden in den Jahren 1152 und 1176 wiedererrichtet. Der Eselsturm vor der Nordfassade des gotischen Doms (unten) ist ein Relikt der romanischen Bischofskirche. Der Domkreuzgang entsteht ab dem 9. Jahrhundert: An ihn baut man 1160 die Allerheiligenkapelle an. Die Grablege von Hartwich II. (der erste Bischof, der nicht mehr in St. Emmeram bestattet wird) ist ein romanischer Zentralbau im oberitalienischen Stil. Um 1070 entsteht die Stephanskapelle (oben).

Karl der Große hatte 788 den Agilolfingerherzog Tassilo entmachtet und Bayern für das Frankenreich erobert. Sein Enkel König Ludwig der Deutsche nennt Regensburg 845 „königliche Stadt", erweitert die Residenz am Kornmarkt und baut um 875 die Alte Kapelle. Ludwigs Gemahlin Hemma fördert das Obermünster (unten): In St. Emmeram zeigt ein Grabmal von 1280 die 876 verstorbene Königin. Auch Kaiser Arnulf wird 899 in St. Emmeram bestattet. Gräber von König Ludwig dem Kind (mit ihm endet 911 die Ära der Karolinger), Herzog Arnulf von Bayern (er regiert ab 916 in der Stadt) und von Herzog Heinrich dem Zänker (er stirbt 955) sind Fälschungen der Emmeramer Mönche.

788 bis 911

Franken als Herrscher in Bayern: Grabmale der Königin Hemma und des Kaisers Arnulf

Um 930 und auf dem Haidplatz spielt eine der ältesten deutschen Stadtsagen. Da er zum Tode verurteilt ist, hat der Regensburger Hans Dollinger nichts mehr zu verlieren. Deshalb tritt er zum Zweikampf mit dem Ungarn Krako an. Zweimal stößt ihn der Hüne vom Pferd, dann küsst Dollinger ein Kreuz, besiegt Krako – und wird begnadigt. Historischer Hintergrund sind die Beutezüge heidnischer Magyaren, die Bayern bis zur Schlacht auf dem Lechfeld im Jahr 955 verwüsten. Um 1290 entstehen Bildplastiken der Dollingersage. Als 1889 das Dollingerhaus beim Rathaus abgerissen wird, fertigt man einen Abguss der Turnierszene: Er ist heute im Alten Rathaus zu besichtigen.

um 930

Hans Dollinger gewinnt den Zweikampf mit dem ungarischen Riesen Krako

Auch weit vor den Stadtmauern Regensburgs entstehen in heutigen Stadtteilen bedeutende Klöster und Kirchen. 997 wird das Benediktinerkloster Prüll gegründet und um 1120 die heutige Kirche geweiht. Eine um 1220 geschaffene Wandmalerei (oben) zeigt Maria und den Erzengel Gabriel. Karthaus-Prüll heißt diese Kirche heute, weil das Kloster 1483 an Kartäusermönche übergeben wird. 1109 gründet der Bamberger Bischof Otto die Benediktinerabtei St. Georg in Prüfening, nach 1125 entstehen in der Klosterkirche romanische Wandmalereien. Um 1900 werden sie wiederentdeckt und teilweise restauriert. Zu Füßen Marias reihen sich Heilige, Herrscher, Märtyrer und Propheten.

997 bis 1220

Unter einer romanischen Maria reihen sich Heilige, Herrscher, Märtyrer und Propheten

An St. Emmeram baut man um 1050 das Westquerhaus mit dem Dionysiuschor und der Wolfgangskrypta (oben) an – eine der herausragenden Raumschöpfungen der Zeit. Im Norden der Basilika schließt die Vorhalle mit dem Doppelnischenportal an, das von 1049 bis 1060 entsteht. Drei Kalksteinreliefs zeigen neben Christus am Mittelpfeiler die Heiligen Emmeram (links) und Dionysius. Das älteste Figurenportal Deutschlands erinnert an einen „Mönchskrimi" und an „Marketing im Mittelalter": Um die Bedeutung ihres Klosters zu steigern und den Bischof zu düpieren, „finden" die Mönche beim Bau des Querhauses die angeblichen Reliquien des fränkischen Nationalheiligen Dionysius.

1049 bis 1060

Das älteste Figurenportal Deutschlands bezeugt den Emmeramer „Mönchskrimi"

1090 bis 1150

Das rätselhafte Schottenportal ist eines der bedeutendsten Kunstwerke Europas

Um 1090 siedeln sich irische Benediktinermönche in Regensburg an: Sie werden „Scoti" genannt. Die Klosterkirche St. Jakob wird 1120 geweiht, jedoch schon um 1150 durch einen Neubau ersetzt: Nun entsteht eine der bedeutendsten romanischen Kirchen Deutschlands. Das Schottenportal an ihrer Nordseite ist eines der großen Kunstwerke des Abendlands und ein riesiges Bilderrätsel: Das Portal zeigt auf 15 Metern Breite und acht Metern Höhe das Jüngste Gericht. 70-mal hat man wohl schon versucht, die Bedeutung der 150 Figuren des Portals auszulegen. Im Inneren bewacht das steinerne Relief des Mönches Rydan das Portal: Eine Inschrift hält seinen Namen fest.

Die Steinerne Brücke, Patrizierburgen und Geschlechtertürme, Rathaus und Dom

Das reiche Regensburg und sein Weg zur Freien Reichsstadt

In das 11., 12. und 13. Jahrhundert fällt die wirtschaftliche Blüte Regensburgs. Der wachsende Reichtum seiner Fernhandelskaufleute schafft das bis heute nördlich der Alpen einzigartige Stadtbild: Die Steinerne Brücke, Patrizierburgen und Geschlechtertürme der Handelsherren entstehen. Das Alte Rathaus und der gotische Dom werden errichtet. 1245 macht der Stauferkaiser Friedrich II. Regensburg zur Freien Reichsstadt. Dem Höhepunkt des Reichtums folgt jedoch bald ein steiler Fall: Die Verlagerung der europäischen Handelswege und der ständige Kampf gegen die Umklammerung Bayerns lassen die Stadt für lange Zeit verarmen.

Von 1135 bis 1146 errichtet man die Steinerne Brücke als Ersatz für frühere hölzerne Brücken über die Donau. 336 Meter lang überspannt dieser romanische Bau (mit ursprünglich 16 Rundbögen) den Fluss. Im Mittelalter ist die Brücke der einzige feste Donauübergang zwischen Ulm und Wien. Der Bau wird von reichen Fernhandelskaufleuten der Stadt finanziert, vom Bayernherzog gefördert und sichert Regensburgs Rolle als führende Handelsstadt. Chroniken preisen die Brücke als ein „Wunder der Baukunst", das jedoch für viele Zeitgenossen unverständlich bleibt. Deshalb entsteht die Volkssage, dass der Brückenbaumeister einen Pakt mit dem Teufel geschlossen habe.

1135 bis 1146

Die Steinerne Brücke gilt als Wunder – oder als unbegreifliches Werk des Teufels

Die zentrale Lage Regensburgs und die Brücke über die Donau ziehen nicht nur reiche Fernhandelskaufleute, sondern auch die politischen Größen des 12. Jahrhunderts an. Im Jahr 1156 lädt Kaiser Friedrich Barbarossa die Fürsten Deutschlands zu einem Hoftag an die Donau. Auf einer Wiese bei Barbing wird dabei die bayerische Ostmark zum Reichsfürstentum erhoben – es ist die Geburtsstunde Österreichs. Die „Wiege Österreichs" liegt nahe der um 1160 errichteten Kreuzhofkapelle St. Ägidius. In dieser Kapelle finden zahllose Pilger ein karges Nachtlager. Nah bei dem romanischen Sakralbau sammeln sich 1147 und 1189 die Heere der Kreuzfahrer.

1140 bis 1189

Brennpunkt Regensburg – Kaufleute, Pilger, Kreuzritter und die „Wiege Österreichs"

Nach einem Brand im Jahr 1166 entsteht der Kreuzgang der Benediktinerabtei St. Emmeram neu. Er grenzt südlich an die Emmeramsbasilika an. Bis in das 14. Jahrhundert wird am romanisch-gotischen Kreuzgang gebaut, der einer der größten und architektonisch wohl bedeutendsten Deutschlands ist. In der ersten Hälfte des 13. Jahrhunderts errichtet man das prachtvolle Benediktus-Portal. Im Südflügel des Kreuzgangs verweisen Schlusssteine mit dem Bildnis wichtiger Äbte auf den schleppenden Baufortschritt. Was einst ein Ärgernis war, brachte am Ende ein „Bilderbuch aus Stein": Der Kreuzgang dokumentiert die Entwicklung romanischer und gotischer Bauformen.

nach 1166

Der Kreuzgang des Klosters St. Emmeram wird zu einem „Bilderbuch aus Stein"

Die Grenze zwischen der Pfalz der Bayernherzöge am Alten Kornmarkt und der Domstadt zeigt der Römerturm. Sein Name führt in die Irre: Die Wittelsbacher – ab 1180 Herrscher in Bayern – beziehen 1196 die Pfalz und setzen um 1210 auf die Quader eines Bauwerks der Karolinger diesen Wohnturm. Gleich nebenan errichten die Wittelsbacher wenig später einen der ältesten Repräsentationsbauten des Landes: Der Herzogshof ist ein Relikt dieser Vierflügelanlage. Ab 1225 lässt wohl der Wittelsbacher Ludwig der Kelheimer die frühgotische Pfalz- und spätere Dompfarrkirche St. Ulrich (oben) bauen. Um 1196 entsteht beim Herzogshof das turmartige „Romanische Haus" (unten).

1196 bis 1225

Die Wittelsbacher beziehen die Pfalz – sie bauen den Römerturm und den Herzogshof

12. und 13. Jahrhundert

Die Geschlechtertürme reicher Kaufherrn sind die „Wolkenkratzer des Mittelalters"

Vom 11. bis zum 13. Jahrhundert ist Regensburg eine „Boomtown". Seit dem 12. Jahrhundert bauen sich reich gewordene Fernhandelskaufleute mächtige Patrizierburgen. Ein buchstäblich herausragendes Statussymbol der Kaufherrn sind ihre Geschlechtertürme. Ihre Vorbilder stammen aus Italien. Das Runtingerhaus (Keplerstraße, oben) zählt zu den frühesten dieser „Wolkenkratzer des Mittelalters": Sein romanischer Wohnturm mit Treppengiebel entsteht um 1200, seine gotischen Erweiterungsbauten um 1260 und 1400. Um 1250 wird der älteste Teil des „Goldenen Kreuz" am Haidplatz (unten) erbaut. In dieser Patrizierburg logieren später Kaiser, Könige und Fürsten.

12. und 13. Jahrhundert

Die Geschlechtertürme dienen weniger dem Wohnen als vielmehr der Repräsentation

Kein Geschlechterturm ist reicher gegliedert als der im ersten Viertel des 13. Jahrhunderts errichtete Baumburger Turm am Watmarkt. Die bis zu acht Stockwerke hohen Geschlechtertürme dienten vor allem der Repräsentation. Als Wohnraum wurden sie bis zur Höhe der angrenzenden Häuser genutzt. 20 der einst 60 Geschlechtertürme gibt es noch: Der wohl älteste erhaltene Hausturm (Untere Bachgasse 13, oben) entsteht im frühen 12. Jahrhundert. Etliche der Patrizierburgen dienen später ganz profanen Zwecken: Sie werden als Schnupftabakfabrik, Herberge oder Gastwirtschaft genutzt, wie zum Beispiel das Haus „Bär an der Ketten" an der Ostengasse (unten).

Wohl um 1225 entsteht das frühgotische Goliathhaus am Watmarkt. Diesen Namen trägt die Patrizierburg bereits, als sie um 1570 die Wandmalerei mit der Darstellung des Kampfes zwischen David und dem Riesen Goliath erhält. Um 1250 baut man den frühgotischen Goldenen Turm (oben), der um 1300 auf acht Geschosse aufgestockt wird. Der 50 Meter hohe Geschlechterturm an der Wahlenstraße ist heute eines der Wahrzeichen Regensburgs. Gleich neben dem Alten Rathaus steht die Neue Waag (unten) am Haidplatz. Sie wird um 1300 als Patrizierburg errichtet, später von der Stadt erworben und als Städtische Waage und Herrentrinkstube genutzt.

13. Jahrhundert

Das Goliathhaus – biblischer Zweikampf an der Fassade einer Patrizierburg

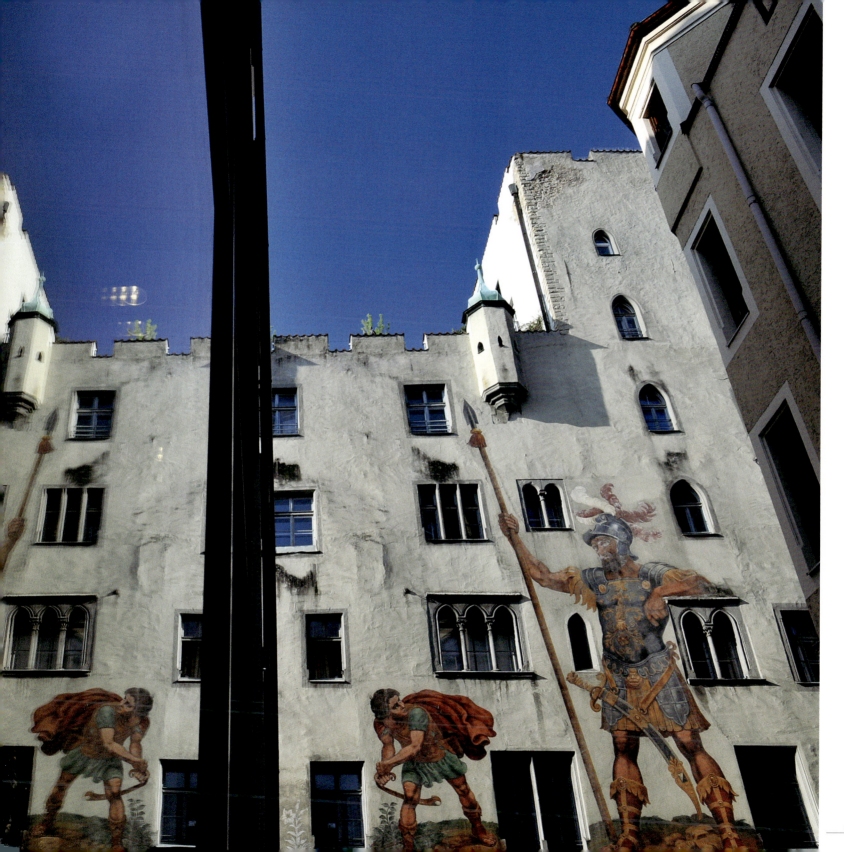

1237 bis 1262

Albertus Magnus saniert das Bistum, und zwei Bettelorden bauen Kirchen

Von 1260 bis 1262 ist Albertus Magnus Bischof von Regensburg: Der Universalgelehrte saniert das heruntergekommene Bistum. Der (1931 heiliggesprochene) Dominikaner wirkte bereits von 1237 bis 1240 in der Stadt. Das Denkmal bei der nach 1240 im Westen der Altstadt erbauten Dominikanerkirche am Albertus-Magnus-Platz erinnert an ihn. St. Blasius gilt als der stilreinste gotische Sakralbau Regensburgs und als eine der frühesten Kirchen dieses Bettelordens in Deutschland. Im Osten der Altstadt bauen Franziskaner nach 1250 die Minoritenkirche St. Salvator: Kirche und Kloster am Dachauplatz (unten) beherbergen das Historische Museum der Stadt Regensburg.

1245 erhebt Kaiser Friedrich II. Regensburg zur Freien Reichsstadt. Als Herzog Ludwig der Strenge 1259 einen Krieg gegen die Regensburger verliert, haben die Wittelsbacher hier nichts mehr zu sagen. Damals baut man das Rathaus der Stadt, eines der ältesten Süddeutschlands. Es entsteht wohl über einem früheren Patrizierhaus. Der achtstöckige, 55 Meter hohe gotische Rathausturm und sein vierstöckiger Anbau brennen 1360 aus. Bis 1363 werden sie instand gesetzt. Als Tanzhaus für Rat und Patriziat wird der angrenzende Saalbau errichtet. Um 1410 entstehen bei einer Umgestaltung die neue Saaldecke und der Portalbau, den die Gewappneten „Schutz und Trutz" bewachen.

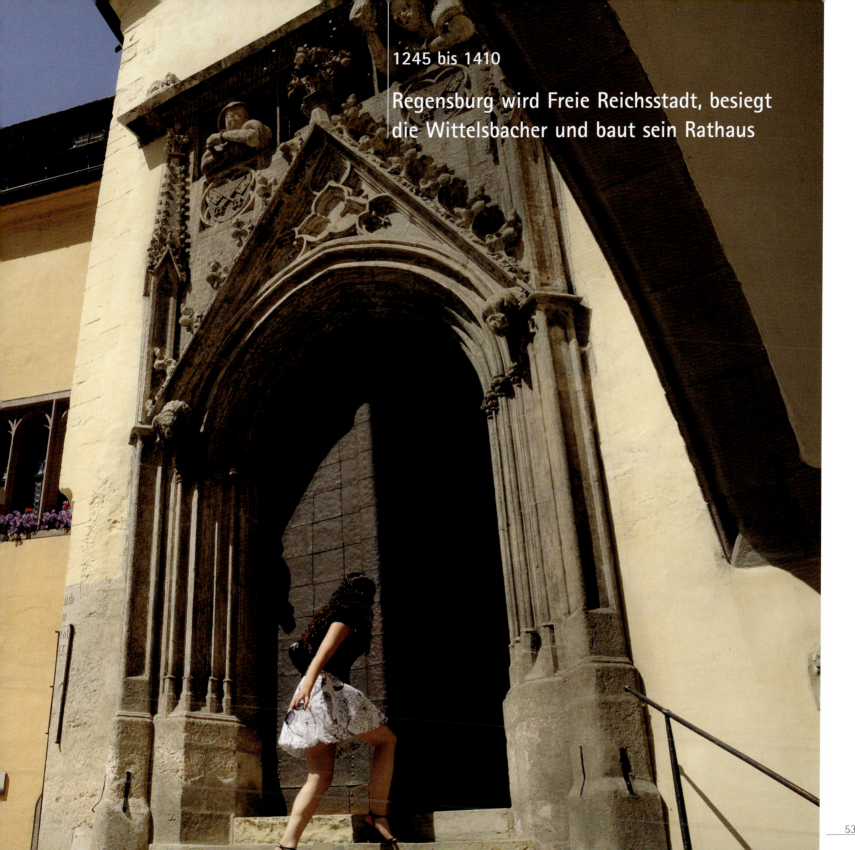

1245 bis 1410

Regensburg wird Freie Reichsstadt, besiegt die Wittelsbacher und baut sein Rathaus

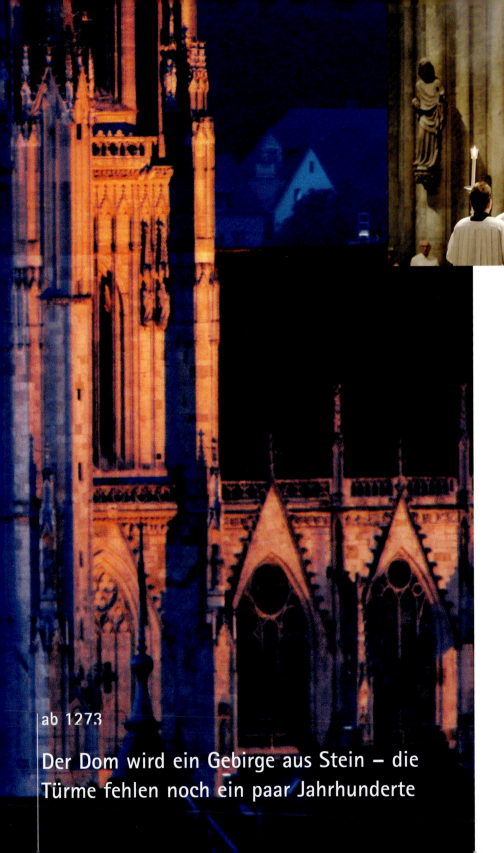

1273 beginnt nach dem Brand des Doms aus der Karolingerzeit der Bau des neuen gotischen Doms. Es entsteht eine der herausragenden Kathedralen der deutschen Gotik – ein Gebirge aus Stein. Zahllose Skulpturen an der Fassade machen den Dom zum mittelalterlichen „Bilderbuch", das auch die des Lesens unkundigen Regensburger verstehen. Um 1400 wird das Westportal an der Schaufront des Doms errichtet. Um 1538 stellen der Bischof und das Domkapitel den Kirchenbau weitgehend ein. Jahrhundertelang bleibt der Dom ein riesiges Fragment. Erst ab 1859 wird das Äußere der Bischofskirche vollendet werden und sein heutiges Aussehen erhalten.

ab 1273

Der Dom wird ein Gebirge aus Stein – die Türme fehlen noch ein paar Jahrhunderte

um 1280

Der „Lachende Engel" im Dom – und
die Erinnerung an einen Mord im Kloster

Um das Jahr 1280 entstehen die wohl bedeutendsten Skulpturen im Dom: Die Verkündigungsgruppe des sogenannten „Erminoldmeisters" stellt der Jungfrau Maria (unten) den „Lachenden Engel" gegenüber. Beide wirken so lebendig und sind ihrer Zeit derart weit voraus, dass man heute bei diesen Skulpturen vom „Barock der Gotik" spricht. Ein von ihm gestaltetes Grabmal in der Abteikirche St. Georg in Prüfening gibt dem „Erminoldmeister" seinen Namen. Das 1283 von ihm gestaltete Hochgrab (oben) erinnert an einen Mord im Benediktinerkloster. Im Jahr 1121 hatte ein Mönch dort Abt Erminold erschlagen, weil dieser auf der Einhaltung der strengen Ordensregeln beharrte.

Um 1300 steht Regensburg im Zenit seines Reichtums – und ist die bevölkerungsreichste Stadt Süddeutschlands. Viele Handwerker und kleine Händler siedeln vor der Stadtmauer. Sie wird von 1280 bis 1320 erweitert, um die Westner- und Ostnervorstadt sowie mehrere Klöster zu schützen. Das Prebrunntor (oben) – lange der westlichste Punkt der Stadt – baut man 1293. Um 1300 entsteht das Ostentor, eines der schönsten gotischen Stadttore Deutschlands. Wo die 1316 erstmals erwähnte Spitalkirche St. Oswald (unten) steht, traf die 920 von Herzog Arnulf errichtete Stadtmauer auf die Donau: Sie war die erste nachrömische Stadtbefestigung nördlich der Alpen gewesen.

1280 bis 1320

Mit dem Bau der neuen Stadtmauer entsteht eines der schönsten Stadttore Deutschlands

ab 1300

Im Haus Heuport verführt der teuflische „Fürst der Welt" eine törichte Jungfrau

Ab etwa 1300 entsteht gegenüber der Westfassade des Doms das Haus Heuport. Sein Name leitet sich von jenem Heutor (Porta Foeni) ab, bei dem sich einst der Heumarkt am Nordtor des jüdischen Viertels befand. Ungewöhnlich ist die offene Treppenhalle im Hof der Patrizierburg. Wer dort die hölzernen Stufen hinaufsteigt, kommt an zwei gotischen Steinfiguren des frühen 14. Jahrhunderts vorbei: Der „Fürst der Welt" lockt lächelnd die „Törichte Jungfrau": Wimmelndes Gewürm auf seinem Rücken verrät ihn als den Teufel. Ihre blanke Rückseite streckt eine Skulptur dem gegenüberliegenden Rathaus entgegen: Diese Hausmarke (Neue-Waag-Gasse 1) entsteht um 1330.

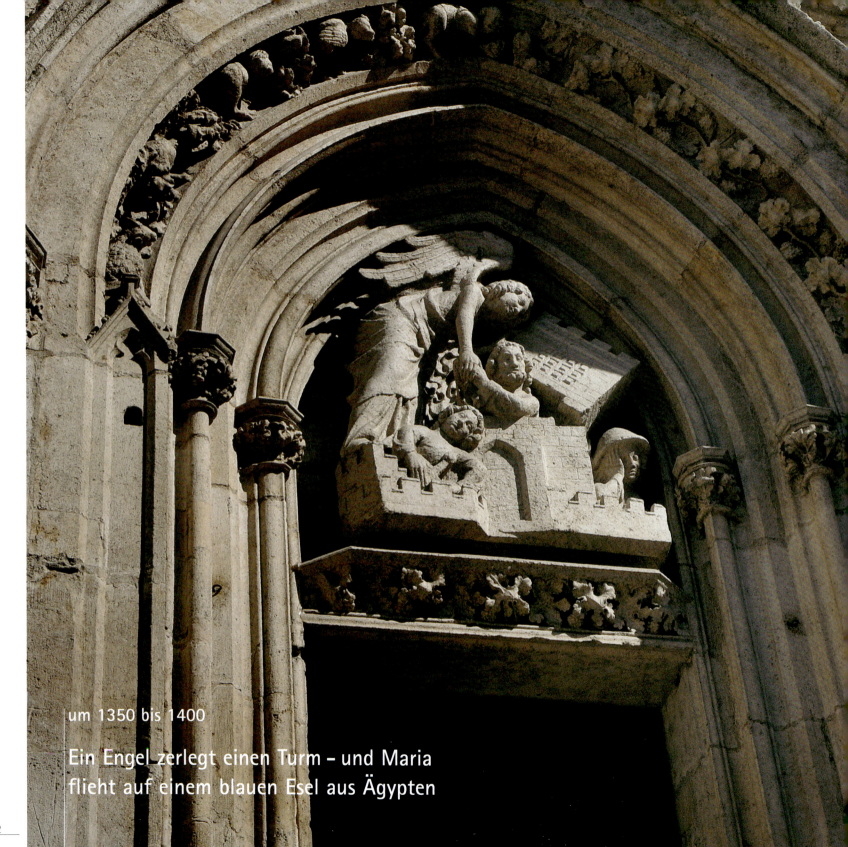

um 1350 bis 1400

Ein Engel zerlegt einen Turm – und Maria flieht auf einem blauen Esel aus Ägypten

Seine Kirchenfenster tauchen das Innere des Doms St. Peter in einen bunten „Raumlichtnebel". Die Glasgemälde stammen meist aus dem Mittelalter. Das Motiv der Flucht aus Ägypten entsteht um 1350: Der blaue Esel, auf dem Maria reitet, ist eines der Wahrzeichen des Doms. Wenn sich das Auge an das Halbdunkel angepasst hat, erkennt man die gotischen Skulpturen im Inneren der Bischofskirche – von den Darstellungen des Apostels Petrus bis „zum Teufel und seiner Großmutter". An der Westfassade empfängt die naive Darstellung der Befreiung des Petrus aus dem Gefängnis (um 1350). Das figurenreiche Hauptportal ist ein herausragendes Werk der Bildhauerei um 1400.

981 wird in Regensburg erstmals ein jüdischer Anwohner erwähnt. Jahrhundertelang leben Christen und Juden neben- und miteinander. Doch bereits seit dem 15. Jahrhundert verhöhnt eine sogenannte „Judensau" an der Fassade des Doms die jüdische Gemeinde, eine der größten Deutschlands. Als die Freie Reichsstadt im 15. Jahrhundert verarmt, macht man die Juden zu Sündenböcken. 1519 werden sie vertrieben, ihr Viertel und die Synagoge zerstört, die Grabsteine des jüdischen Friedhofs verschleppt. Als „Trophäen" baut man „Judensteine" in Fassaden von Bürgerhäusern ein. Ein Bodenrelief auf dem Neupfarrplatz zeigt den Grundriss der 1519 abgerissenen Synagoge.

1519

Nach der Vertreibung der jüdischen Gemeinde werden Grabsteine zu „Trophäen"

Regensburg wird protestantisch – und erneut ein politisches Zentrum des Reichs

Die Reformation, das Barock und der „Immerwährende Reichstag"

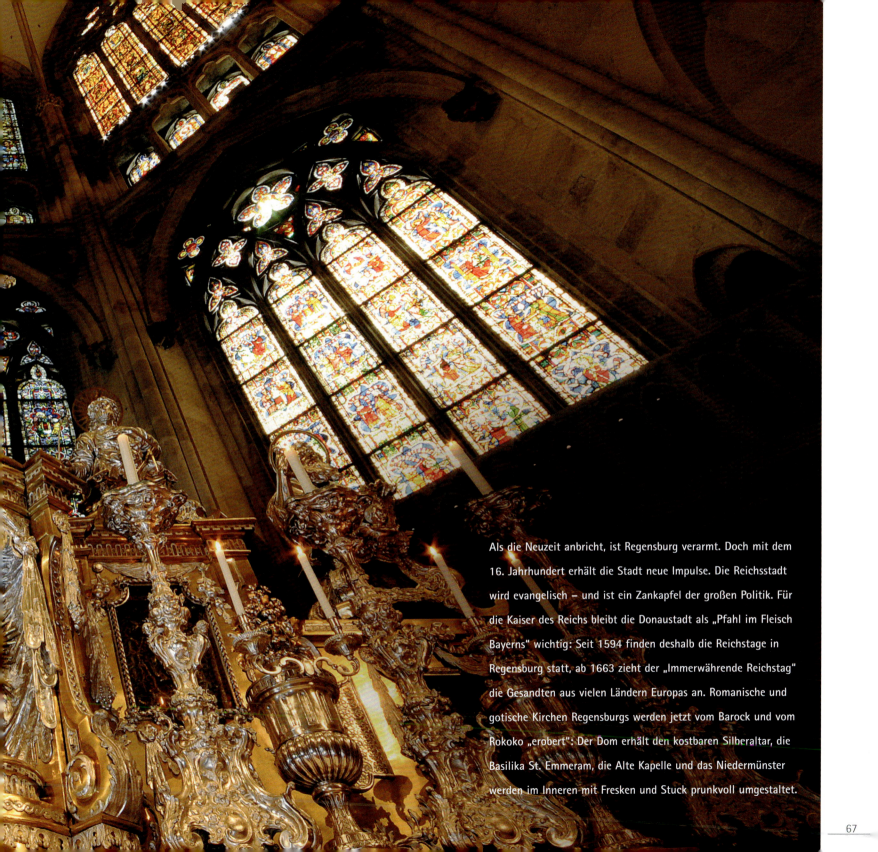

Als die Neuzeit anbricht, ist Regensburg verarmt. Doch mit dem 16. Jahrhundert erhält die Stadt neue Impulse. Die Reichsstadt wird evangelisch – und ist ein Zankapfel der großen Politik. Für die Kaiser des Reichs bleibt die Donaustadt als „Pfahl im Fleisch Bayerns" wichtig: Seit 1594 finden deshalb die Reichstage in Regensburg statt, ab 1663 zieht der „Immerwährende Reichstag" die Gesandten aus vielen Ländern Europas an. Romanische und gotische Kirchen Regensburgs werden jetzt vom Barock und vom Rokoko „erobert": Der Dom erhält den kostbaren Silberaltar, die Basilika St. Emmeram, die Alte Kapelle und das Niedermünster werden im Inneren mit Fresken und Stuck prunkvoll umgestaltet.

Kurz nach der Zerstörung des jüdischen Viertels und dem Abriss der Synagoge entsteht dort im März 1519 eine Marienkapelle, zu der sich die größte Wallfahrt des späten Mittelalters entwickelt. Im September 1519 legt man den Grundstein für eine Wallfahrtskirche. Die Reformation macht dieser Wallfahrt bald ein Ende, der Bau der weit größer geplanten Kirche wird eingestellt: Die Neupfarrkirche wird das erste evangelische Gotteshaus der Stadt. 1863 erhält sie ihre heutige Form. Baumeister der Kirche war Hans Hieber: Um 1550 gestaltet der Augsburger die Arkaden des Bischofshofs (oben). An der Steinernen Brücke ersetzt die Figur des Bruckmandls seit 1579 ein Bildwerk von 1446.

1519 bis 1579

Wo das zerstörte jüdische Viertel liegt, bauen die Regensburger eine Wallfahrtskirche

1542 bis 1631

Die Stadt wird protestantisch und errichtet die erste evangelische Bürgerkirche Bayerns

1542 tritt die Freie Reichsstadt Regensburg zur Lehre Martin Luthers über. Nur die Domstadt und die geistlichen Stifte bleiben dem alten Glauben treu. 1546 scheitert in der Neuen Waag am Haidplatz das Religionsgespräch zwischen dem Katholiken Johannes Eck und dem Protestanten Philipp Melanchthon über eine Wiedervereinigung der alten und der reformierten Kirche: Ein Wandgemälde im Innenhof erinnert daran. Luther und Melanchthon zieren das Portal des Protestantischen Alumneums (Am Ölberg 2) bei der Dreieinigkeitskirche (oben): Sie entsteht von 1627 bis 1631 von Grund auf neu und gilt als erster Kirchenneubau einer evangelischen Gemeinde in Bayern.

1546 bis 1571

Die Frucht einer Regensburger Liebesnacht wird als „Retter des Abendlandes" gefeiert

1546 weilt der verwitwete Kaiser Karl V. in Regensburg. Die erst 18-jährige Gürtlerstochter Barbara Blomberg versüßt ihm eine seiner vielen einsamen Nächte. Genau am 47. Geburtstag des Habsburgers kommt sein Sohn – die Frucht einer einzigen Liebesnacht – zur Welt. Don Juan d'Austria sollte 24 Jahre später zum gefeierten „Retter des Abendlandes" werden: 1571 besiegt der Sohn des Kaisers in der Seeschlacht bei Lepanto als Kommandant der spanisch-venezianischen Armada die Kriegsflotte der Türken. Das Denkmal am Zieroldsplatz – es ist die Kopie eines Denkmals aus Messina – und ein Relief am „Goldenen Kreuz" am Haidplatz erinnern an Don Juan d'Austria.

16. und 17. Jahrhundert

Große Künstler und Gelehrte leben, arbeiten und sterben in Regensburg

Große Männer lebten in Regensburg – und liegen dort begraben. Der „Vater der bayerischen Geschichtsschreibung" Johannes Turmaier, genannt „Aventinus", zieht 1528 nach Regensburg, wo er 1534 stirbt. Eine Gedenktafel im Vorhof von St. Emmeram erinnert an Aventinus. 1505 erwirbt Albrecht Altdorfer in Regensburg das Bürgerrecht. 1558 stirbt der berühmte Renaissancemaler in seinem Wohnhaus (Obere Bachgasse). Mehr als zehnmal hält sich Johannes Kepler in Regensburg auf: Der Mathematiker und Astronom stirbt 1630 im heutigen „Kepler-Gedächtnishaus" (Keplerstraße). Das benachbarte Kepler-Wohnhaus und das Denkmal in der „Fürstenallee" erinnern an ihn.

1594 bis 1806

„Regensburger Reichstagskonfekt" erinnert an den „Immerwährenden Reichstag"

Seit 1594 finden die Reichstage, bei denen Kurfürsten, Reichsfürsten und Reichsstädte die Geschicke des Heiligen Römischen Reichs Deutscher Nation bestimmen, in Regensburg statt. Eher zufällig wird der Reichstag ab 1663 zum „Immerwährenden": Im gotischen Ratssaal wird fast 150 Jahre lang das Nebeneinander von hunderten größeren und kleineren Landesherrschaften geregelt. Weil das Rathaus deshalb ständig belegt ist, errichtet man für den Rat der Stadt bis 1662 den barocken Anbau. 1806 endet mit dem Reich der Reichstag. „Regensburger Reichstagskonfekt" (schon seinerzeit in den Sitzungspausen gereicht) erinnert an den Vorläufer des deutschen Parlamentarismus.

Der „Immerwährende Reichstag" macht die Stadt zu einem Zentrum Europas: Gesandte aus Frankreich, Schweden, Preußen, Sachsen oder Russland beleben das verarmte Regensburg. An die hier verstorbenen Diplomaten erinnern 20 barocke Grabmäler des Gesandtenfriedhofs bei der Dreieinigkeitskirche. Recht lebendig ist dagegen der Gesandte Englands: Mit käuflichen Frauen und Alkoholexzessen erregt George Etherege zwischen 1685 und 1689 etliche Skandale. Vom Schwert der 1656 am Haidplatz aufgestellten Justitia, die Etherege auf dem Weg zur 1633 eröffneten Elefantenapotheke (damals die beste im Reich) gesehen haben muss, ließ er sich wohl kaum beeindrucken.

1633 bis 1689

Diplomaten aus ganz Europa hinterlassen ihre Spuren: heute Grabmäler, einst Skandale

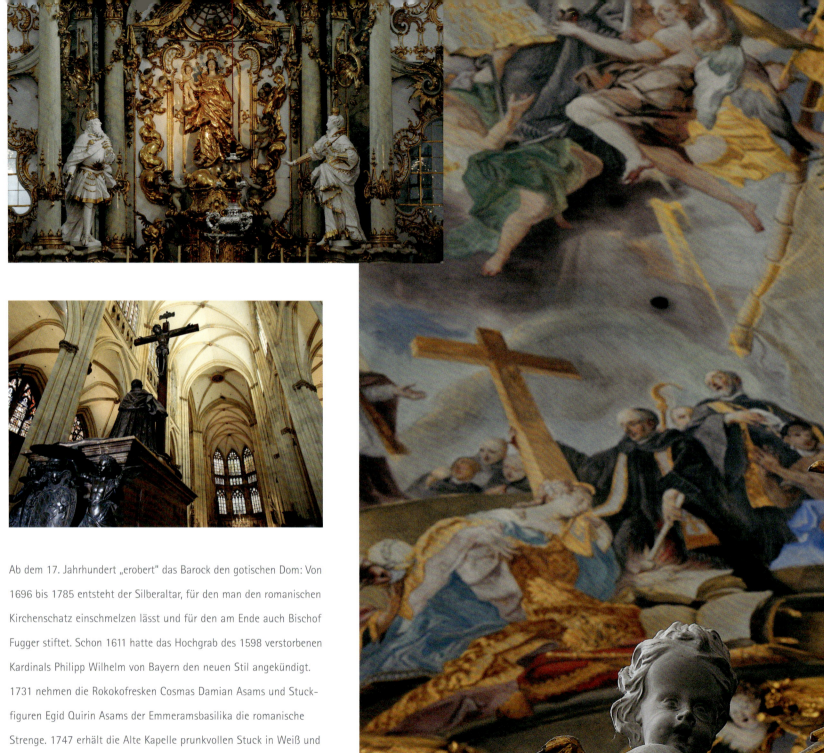

Ab dem 17. Jahrhundert „erobert" das Barock den gotischen Dom: Von 1696 bis 1785 entsteht der Silberaltar, für den man den romanischen Kirchenschatz einschmelzen lässt und für den am Ende auch Bischof Fugger stiftet. Schon 1611 hatte das Hochgrab des 1598 verstorbenen Kardinals Philipp Wilhelm von Bayern den neuen Stil angekündigt. 1731 nehmen die Rokokofresken Cosmas Damian Asams und Stuckfiguren Egid Quirin Asams der Emmeramsbasilika die romanische Strenge. 1747 erhält die Alte Kapelle prunkvollen Stuck in Weiß und Gold und feinste Fresken. Am Altar rahmen Kaiser Heinrich II. und seine Gemahlin Kunigunde eine von Gold strotzende Madonna.

1696 bis 1785

Barockengel und die Pracht des Rokoko in romanischen und gotischen Gotteshäusern

Vom Ende der Freien Reichsstadt bis zur Zeit des Nationalsozialismus

Die Residenz der Thurn und Taxis und die königlich-bayerische Stadt

Seit 1812 ist das säkularisierte Kloster St. Emmeram die Residenz des fürstlichen Hauses Thurn und Taxis. Diese Residenz wird in den nun folgenden Jahrzehnten immer wieder und prachtvollst ausgebaut. Die Säkularisation ist eine Folge der Umwälzungen, die das Ende des Alten Reichs und damit auch des „Immerwährenden Reichstags" mit sich bringen. Die Reichsstadt Regensburg wird 1803 zum Zentrum des kurzlebigen Fürstentums Regensburg, das jedoch schon 1810 ins Königreich Bayern eingegliedert wird. Klassizismus und die Ära der Dampfmaschine dominieren das 19. Jahrhundert. Die erste Hälfte des 20. Jahrhunderts wird vom Kriegselend und von den Schrecken des Dritten Reichs geprägt.

Napoleon verändert Europa: Im Jahr 1803 schafft der große Korse das Fürstentum Regensburg. 1806 enden das Heilige Römische Reich Deutscher Nation und der „Immerwährende Reichstag". Von 1748 bis 1806 vertraten die Fürsten von Thurn und Taxis dort den Kaiser als Prinzipalkommissare: Ihr Amtsstuhl ist heute auf Schloss Emmeram zu sehen. 1809 erobern die Franzosen die Stadt, Napoleon logiert in der Residenz des Fürstprimas Carl von Dalberg am Dom. Um ihren Rückzug zu decken, zerstören die österreichischen Truppen Stadtamhof: Der Wiederaufbau lässt hier ein äußerst einheitliches Straßenbild entstehen. 1810 wird Regensburg zur bayerischen Stadt.

1803 bis 1810

Napoleon erzwingt erst das Fürstentum Regensburg, dann wird die Stadt bayerisch

Mit dem 19. Jahrhundert kommt der Klassizismus nach Regensburg: 1805 wird die französische Botschaft gegenüber dem 1804 eröffneten Stadttheater am Bismarckplatz bezogen. In der 1779/81 von Fürst Carl Anselm von Thurn und Taxis angelegten Fürst-Anselm-Allee wird dem 1805 verstorbenen Stifter des Parks 1806 ein Obelisk gewidmet. Unweit davon entstehen 1808 das Kepler-Denkmal und eine Sphinx, die an den dänischen Gesandten Heinrich Carl Freiherr von Gleichen erinnert. Seit 1824 ehrt ein Denkmal in der Allee den preußischen Gesandten Johann Eustach Graf von Schlitz-Görtz (oben): Der Diplomat hatte erwirkt, dass Truppen Napoleons aus Regensburg abzogen.

1804 bis 1824

Das neue Jahrhundert bringt den Stil des Klassizismus auch nach Regensburg

1812
Das Kloster St. Emmeram wird zur Residenz des fürstlichen Hauses Thurn und Taxis

Nach dem Ende des Heiligen Römischen Reichs Deutscher Nation wird das Fürstenhaus Thurn und Taxis mit dem von Bayern säkularisierten Benediktinerkloster St. Emmeram 1812 für das verstaatlichte Postmonopol entschädigt. Im selben Jahr beginnt der Ausbau des seit dem 12. Jahrhundert errichteten Konventbaus zu einer fürstlichen Residenz: Der Grüne Salon (das Schlafzimmer der Fürstin Therese) entsteht. Barockfresken Cosmas Damian Asams in der Klosterbibliothek werden übermalt. 1960 werden sie wiedergefunden: Sie sind eine der größten Kunstentdeckungen Bayerns im 20. Jahrhundert. Der Ballsaal stammt ursprünglich aus dem Frankfurter Palais des Fürstenhauses.

Aus dem Kloster St. Emmeram wird eines der größten Schlösser Europas. Der Ausbau endet erst 1891, als der Südflügel im Stil der Neurenaissance vollendet wird. Bis 1832 war der klassizistische fürstliche Marstall errichtet worden, bis 1841 baut man die neugotische Gruftkapelle an den mittelalterlichen Kreuzgang an, prächtige Repräsentationsräume und Treppenhäuser entstehen. Erbprinz Maximilian Anton von Thurn und Taxis heiratet 1858 Helene, Herzogin in Bayern. Sie sollte die Braut Kaiser Franz Josephs werden, der ihre Schwester „Sisi" bevorzugt. 1890 stirbt Helene im Schloss – Kaiserin Elisabeth steht am Sterbebett. Das Sterbezimmer wird 1893 zur Hauskapelle.

1829 bis 1893

Im glanzvollen Fürstenschloss steht Kaiserin Elisabeth am Sterbebett ihrer Schwester

Nachdem Regensburg bayerisch wird, entdecken die Wittelsbacher die erste Hauptstadt ihres Landes wieder. Vor den Toren der Stadt lässt König Ludwig I. bis 1842 die Walhalla als „Ruhmeshalle" der Deutschen errichten. Ab 1828 sorgt er für die Regotisierung im Inneren des Doms, und er bewirkt die Vollendung der Bischofskirche: Bis 1869 werden die Türme, bis 1872 die Querhausfassaden fertiggestellt. 1902 wird ein Denkmal für König Ludwig I. – ein Reiterstandbild – auf dem Domplatz enthüllt. 1854 bis 1856 baut man für König Maximilian II. die neugotische Königliche Villa (unten) im Villapark beim Ostentor: Der Herrscher bewohnt sie ganze fünf Tage lang.

1830 bis 1872

Die bayerischen Könige entdecken die erste Hauptstadt ihres Landes wieder

Nur langsam kommt das Industriezeitalter nach Regensburg und mit ihm die Anbindung an die weite Welt. Die „Baden-Württembergische Dampfschiffahrtsgesellschaft" errichtet 1837 auf dem Unteren Wöhrd die erste Schiffswerft. In den 1920er Jahren wird Regensburg größter Schiffbauplatz Süddeutschlands sein: Beim heutigen Hafen arbeiten drei Werften. 1923 wird dort das Schiff gebaut, das heute als „Donau-Schiffahrts-Museum" an der Donaulände liegt. Ab 1859 verbindet die Eisenbahn mit München und Nürnberg. 1874 fährt die Donautalbahn bis Donauwörth, seit 1889 das „Walhallabockerl" ab Stadtamhof. Die Lokomotive von 1908 erinnert nahe der Donauschleuse an diese Zeit.

1837 bis 1889

Dampfschifffahrt und Eisenbahn: Regensburg erhält Anschluss an die Welt

1919 ruft Fürst Albert I. von Thurn und Taxis die noch heute bestehende Fürstliche Notstandsküche zur Linderung materieller Not in Regensburg ins Leben. Jene Not, die nach dem Ersten Weltkrieg den Aufstieg des Nationalsozialismus ermöglicht, der erneut zur Verfolgung der jüdischen Mitbürger Regensburgs führt. 1938 wird in der „Reichskristallnacht" die 1912 erbaute Synagoge (Am Brixener Hof) zerstört. Daran und an die Deportation von 200 Juden erinnert eine Gedenktafel. Im Vernichtungslager Sobibor wird 1943 Simon Oberdorfer ermordet, der 1897/98 das Velodrom am Arnulfsplatz erbaut hatte. Dort trat er mitunter selbst als Kunstfahrer auf dem Einrad auf.

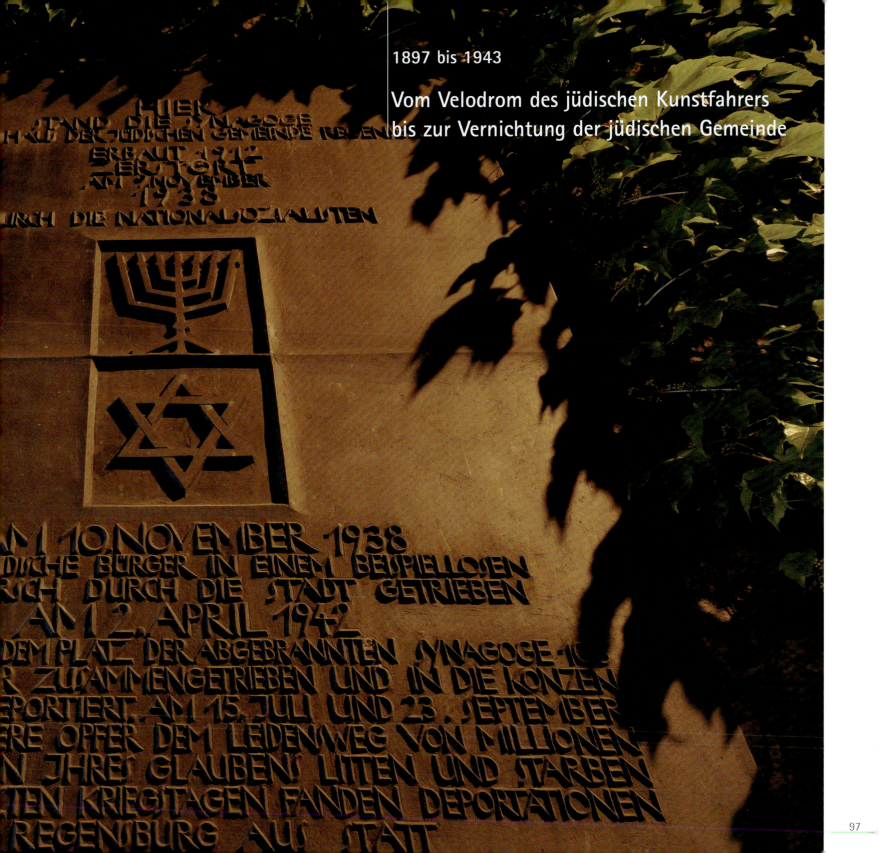

1897 bis 1943

Vom Velodrom des jüdischen Kunstfahrers bis zur Vernichtung der jüdischen Gemeinde

ab 1945

Gedenktafeln und ein Bunker erinnern an die Opfer und das Leid der Schreckenszeit

Im Zweiten Weltkrieg hat Regensburg Glück im Unglück: Nur wenige Bomben fallen auf die Stadt, das Obermünster wird jedoch zerstört. Ein Ringbunker unter dem Neupfarrplatz – heute Bestandteil des „documents Neupfarrplatz" – erinnert an die Zeit der Luftangriffe. Als im April 1945 mutige Regensburger um die (kurz darauf ohnehin erfolgte) kampflose Übergabe ihrer Stadt bitten, werden sie hingerichtet: Ein Mahnmal am Dachauplatz erinnert an den Domprediger Dr. Johann Maier und zwei weitere Opfer. Am Watmarkt 5 hängt die Gedenktafel für den Fabrikanten Oskar Schindler. Er wohnt hier nach dem Zweiten Weltkrieg: „Schindlers Liste" hatte viele Juden gerettet.

Seit 1976 ganz offiziell durch den Denkmalschutz bewahrt und von einer historischen Pufferzone gerahmt, liegt das Regensburger Welterbeareal wie eine leuchtende Insel im Häusermeer einer wachsenden Großstadt, in der heute 150 000 Menschen leben. Im Glauben wie im Genuss, im Arbeitsalltag wie in der Freizeit baut hier alles Neue auf dem Alten auf: Die Stadt ist heute – wie schon vor fast tausend Jahren beschrieben – „alt und neu zugleich". Und sie ist ein lebendiges Gesamtkunstwerk...

Die einzigartige Stadt wird gefeiert und feiert sich selbst
Regensburg: Weltkulturerbe und boomende Großstadt

975 gründete Bischof Wolfgang eine Domschule zur Musikausbildung für die Gestaltung der Liturgie – ein erster Vorläufer der über tausendjährigen Tradition der Regensburger Domspatzen. Die Mitglieder des berühmten Knabenchors sind singende Botschafter ihrer Stadt. 2003 wird ihnen sogar eine Briefmarke gewidmet. 2006 heißt es in Regensburg: „Wir sind Papst". Von 1969 bis 1977 war Joseph Ratzinger Professor an der Universität Regensburg gewesen, ehe er Erzbischof von München und Freising und Kardinal wurde. 2006 besucht der eben gewählte Papst Benedikt XVI. seine alte Heimat, wo sein Bruder Georg lange Jahre die Domspatzen geleitet hatte.

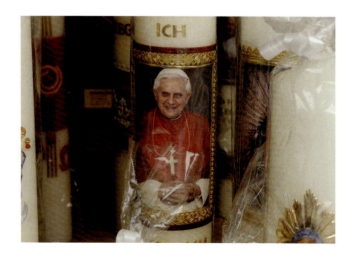

| heute

Die Domspatzen sind singende Botschafter der Domstadt – und Regensburg „ist Papst"

heute

„Alt und neu zugleich" – junge Gesichter und die älteste Wurstküche der Welt

Vorbei am Weichser Radi aus den nahen Donauauen flanieren zwei Regensburgerinnen – vielleicht zwei der über 20 000 Regensburger Studentinnen und Studenten. Seit 1967 die Universität im Süden der Stadt gegründet wurde, sieht man auffallend viele junge Gesichter in den alten Gassen – was dazu passt, dass Regensburg schon im Mittelalter als „alt und neu zugleich" beschrieben wurde. Das Alte ist auch der glanzvolle Rahmen für die junge Kneipenszene der Stadt. Wird auf den Straßen gefeiert, sind Dom und Steinerne Brücke ein stimmungsvoller Hintergrund. Viele Touristen zieht es in die Wurstkuchl: Die Würste sind frisch, die Wurstküche ist die älteste der Welt.

heute

Die Wirtschaft spielt eine große Rolle –
und die Beliebtheit der Wohnstadt wächst

Die Industrialisierung war an Regensburg einst weitgehend vorbeigegangen. Erst seit der zweiten Hälfte des 20. Jahrhunderts entwickelt sich die Stadt zum wachsenden Wirtschaftsstandort. Die Universität wird gegründet, Siemens und BMW siedeln sich an und schaffen tausende neuer Arbeitsplätze. 1973 entsteht der Europakanal, der Hafen ist der größte Bayerns und der umschlagstärkste Donauhafen Europas. Dass die mit 150 000 Einwohnern viertgrößte Stadt Bayerns auch als Wohnstandort beliebt ist, hat viel damit zu tun, dass sich die Altstadt ihren Charme bewahrt hat. Doch auch nüchterne Gewerbearchitektur außerhalb des Stadtkerns sorgt mitunter für reizvolle Ansichten.

heute

Das alte Regensburg ist UNESCO-Welterbe, wird gefeiert und feiert sich selbst

Im Juli 2006 wird das „mittelalterliche Wunder Deutschlands" in die Welterbe-Liste der UNESCO aufgenommen. Damit wird die Einzigartigkeit der Altstadt und des Stadtteils Stadtamhof auf der anderen Seite der Donau anerkannt. Fast tausend Baudenkmäler sind zu bewahren. Weil Armut lange der beste Denkmalschutz war und die komplette Altstadt seit 1976 unter Denkmalschutz steht, darf sich Regensburg heute nicht nur „romanischste Stadt Deutschlands" oder „nördlichste Stadt Italiens", sondern eben auch „Weltkulturerbe" nennen. Die Donaustadt wird gefeiert – und feiert sich auf den Plätzen oder am Donauufer bei der Weinlände selbst.

Regensburg platzt vor Geschichtsträchtigkeit und der Fülle von Baudenkmälern und Kunstwerken schier aus den Nähten – nur ein Grund, warum immer mehr Touristen aus aller Welt die Donaustadt erleben wollen. Doch diese Stadt ist kein riesiges Freilichtmuseum, sondern ein quicklebendiges Gesamtkunstwerk, in dem Kultur ebenso alltagstauglich wie omnipräsent ist. Hier imponiert ein eigenwilliger, fußballplatzgroßer Skulpturenpark am Straßenrand, dort malt ein Mann in gelber Weste seit Jahr und Tag die alte Stadt, da flötet ein einsamer Musikus gegen das Plätschern der Donauwellen an. Regensburg ist ein Ort voller Bilder, die es zu entdecken lohnt...

| heute

Die Stadt ist ein Gesamtkunstwerk – und ein bisschen Kunst gehört zum Alltag

Von der Gründung bis zur Gegenwart
Die Geschichte Regensburgs in Daten

Fast zweitausend Jahre Geschichte haben Regensburg gestaltet: Um den Turm des Doms – ein Gebirge aus Stein – drängen sich die Türme der romanischen Kirchen und des gotischen Rathauses, Patrizierburgen und Geschlechtertürme, das Gewirr enger Gassen und darum herum die massigen Baukomplexe einer Großstadt.

Um 35 nach Christus: Römische Truppen errichten vermutlich ein erstes Kleinkastell an der Donau bei Regensburg.

Um 80: Unter Kaiser Domitian gründen römische Truppen ein kleines Militärlager im heutigen Regensburger Stadtteil Kumpfmühl.

179: Nachdem das frühere Kastell zerstört wurde, errichten die Römer in der Regierungszeit Kaiser Mark Aurels einen neuen, größeren Militärstützpunkt. Er wird „Legio" oder „Reginum" und seit der Zeit um 400 „Castra Regina" (Lager am Regen – das Flüsschen mündet hier in die Donau) genannt.

Um 450: Die letzten römischen Soldaten ziehen in der Zeit der Völkerwanderung ab. Zuvor war „Castra Regina" zwischen 242 und 358 von den Germanen dreimal zerstört und jeweils von den Römern wiederaufgebaut worden.

Um 550: Regensburg wird zur ersten Hauptstadt Bayerns und zum Hauptsitz der bayerischen Herzöge.

Um 700: Die Wander- und Missionsbischöfe Rupert, Emmeram und Erhard wirken in Regensburg.

739: Bonifatius organisiert die Strukturen der Kirche in Bayern und gründet das Bistum Regensburg.

768: Die erste Abteikirche St. Emmeram wird vollendet.

778: Der Dom St. Peter wird zum ersten Mal urkundlich erwähnt.

788: Kaiser Karl der Große setzt den Bayernherzog Tassilo III. ab. Er macht Bayern zu einer Provinz des Frankenreichs und hält sich dreimal in Regensburg auf.

Um 850: Auf dem heutigen Alten Kornmarkt entsteht die Pfalz König Ludwigs des Deutschen, des Enkels Karls des Großen.

Um 920: Die erste nachrömische Stadterweiterung nördlich der Alpen – Bayernherzog Arnulf lässt in Regensburg eine neue Stadtmauer bauen. Der westliche Teil der Römermauer wird aufgegeben und abgebrochen.

973/975: Bischof Wolfgang gründet das Bistum Prag und trennt damit Böhmen vom Bistum Regensburg ab. Er beendet zugleich die Personalunion des Abtes von St. Emmeram mit dem Bischof.

981: Der erste jüdische Bewohner Regensburgs (Samuel) wird in der Urkunde genannt, die auch Stadtamhof erstmals belegt.

Um 1010/1020: Das jüdische Viertel wird erstmals erwähnt.

1135 bis 1146: Regensburg baut die Steinerne Brücke – sie ist 336 Meter lang und überspannt die Donau damals noch mit 16 Rundbögen. Beim Bau des Salzstadels wird später ein Bogen verfüllt.

Im 13. Jahrhundert: Der Bau des Alten Rathauses beginnt.

1245: Der Stauferkaiser Friedrich II. erhebt Regensburg zur Freien Reichsstadt.

1273: Nach einem Brand im Vorgängerbau beginnt der Neubau des gotischen Doms.

1280 bis 1320: Im Rahmen der zweiten Stadterweiterung Regensburgs werden die westlichen und östlichen Vorstädte durch eine bis 1320 errichtete neue Stadtmauer geschützt, 1293 das Prebrunntor und um 1300 das Ostentor errichtet.

1486 bis 1492: Das verarmte Regensburg unterwirft sich aus wirtschaftlichen Erwägungen dem Herzog von Bayern. Regensburg wird jedoch vom Kaiser in den Status einer Freien Reichsstadt zurückgezwungen.

1519: Die Regensburger vertreiben die jüdische Gemeinde und zerstören das jüdische Viertel und die Synagoge. Nur wenige Monate später wird dort der Grundstein für die Neupfarrkirche gelegt.

Um 1538: Regensburg sympathisiert mit der Reformation. Aus Geldmangel werden die Bauarbeiten an der Domfassade eingestellt.

1542: Der Rat und die Bürger der Freien Reichsstadt werden protestantisch. Der Bischof und die geistlichen Stifte mit ihren Untertanen bleiben der katholischen Kirche treu.

Ab 1594: Die Reichstage des Heiligen Römischen Reichs Deutscher Nation finden von jetzt an ausnahmslos in Regensburg statt.

1663 bis 1806: Der „Immerwährende Reichstag" berät im Alten Rathaus. Aus Platzgründen wird das Rathaus 1662 für eigene Bedürfnisse um einen barocken Anbau erweitert. Mit dem Ende des Heiligen Römischen Reichs Deutscher Nation im Jahr 1806 endet zugleich der „Immerwährende Reichstag".

1803: Napoleon erzwingt die Gründung des Fürstentums Regensburg, das vom Reichskurerzkanzler und Fürstprimas von Deutschland, Carl von Dalberg, regiert wird.

1809: Regensburg wird von französischen Truppen erobert. Die Österreicher zerstören das bayerische Stadtamhof am gegenüberliegenden Donauufer, um ihren Rückzug zu decken.

1810: Das erst 1803 gegründete Fürstentum Regensburg wird aufgelöst. Regensburg wird zu einer bayerischen Provinzstadt.

1812: Das fürstliche Haus Thurn und Taxis erhält das säkularisierte und aufgehobene Kloster St. Emmeram als Entschädigung für das von Bayern verstaatlichte einstige Postmonopol der Familie.

1891: Mit der Fertigstellung des Südflügels von Schloss St. Emmeram im Stil der Neurenaissance endet der Ausbau einer der bedeutendsten fürstlichen Residenzen Europas.

1924: Die Stadt Stadtamhof, die bis 1810 bayerisches Ausland war, wird nach Regensburg eingemeindet.

1945: Regensburg wird kampflos an US-amerikanische Truppen übergeben. Die historische Altstadt bleibt nahezu unzerstört.

1962: Der neue Regensburger Industriehafen wird eingeweiht.

1967: Die Universität Regensburg wird gegründet.

1976: Das „Ensemble Altstadt Regensburg mit Stadtamhof" wird in die Denkmalliste des Freistaats Bayern eingetragen.

2000: Zur Jahrtausendwende feiert das Land Bayern in Regensburg das „Fest der Bayern".

2006: Die Regensburger Altstadt und der Stadtteil Stadtamhof werden in die Welterbe-Liste der UNESCO aufgenommen. Papst Benedikt XVI. besucht Regensburg, wo er von 1969 bis 1977 Professor war.

2010: Die Sanierung der Steinernen Brücke, der ältesten erhaltenen Flussbrücke Deutschlands, beginnt.

Literaturhinweise

Bauer, Karl, Regensburg. Kunst-, Kultur- und Alltagsgeschichte, Regensburg 1997

Brielmaier, Peter/Moosburger, Uwe, Regensburg. Metropole im Mittelalter, Regensburg 2007

Dehio, Georg (Begr.), Drexler, Jolanda/Hubel, Achim (Hrsg.), Handbuch der Deutschen Kunstdenkmäler. Regensburg und die Oberpfalz, Darmstadt 1991

Freitag, Matthias, Kleine Regensburger Stadtgeschichte, Regensburg 2004

Kluger, Martin, Regensburg. Stadtführer durch das mittelalterliche Weltkulturerbe, Regensburg 2007

Morsbach, Peter/Brandl, Anton J., Kunst in Regensburg, Regensburg 1995

Morsbach, Peter/Bunz, Achim, St. Emmeram zu Regensburg. Ehem. Benediktiner-Abteikirche, Regensburg 1993

Popp, Roland/Steib, Birgit/Ackermann, Zeno, Albertus Magnus. Das Universalgenie aus Lauingen, Lauingen 2005

Stadt Regensburg, Kulturreferat (Hrsg.), Das Alte Reich und der Reichstag in Regensburg, Regensburg 2004

Stauffer, Edmund/Reidel, Hermann, Der Dom St. Peter Regensburg, Kehl 1995

Strobel, Richard, 100 Bauwerke in Regensburg. Ein Wegweiser zu Bauwerken von historischem und baukünstlerischem Rang, Regensburg 1999

Thurn und Taxis, Gloria Fürstin von/Styra, Peter, Fürst Thurn und Taxis Museen Regensburg, Regensburg 2007

Trapp, Eugen, Welterbe Regensburg. Ein kunst- und kulturgeschichtlicher Führer zur Altstadt Regensburg mit Stadtamhof, Regensburg 2008

Waldherr, Gerhard H., Auf den Spuren der Römer – ein Stadtführer durch Regensburg, Regensburg 2001

Weichmann, Birgit/Liebhart, Max R., Regensburg... neu entdecken, Gudensberg-Gleichen 2003

Bildnachweis

Die Fotografien dieses Bildbands stammen von Wolfgang B. Kleiner mit Ausnahme folgender Aufnahmen von Martin Kluger:
S. 38 (1), S. 42 (1), S. 45 (1), S. 62 (1), S. 75 (1), S. 77 (1), S. 78 (1), S. 84 (1), S. 96 (1), S. 99 (1)

Für ihre Unterstützung danken wir dem Kulturreferat und den Museen der Stadt Regensburg, dem Staatlichen Bauamt Regensburg, den Fürst Thurn und Taxis Museen, den Regensburger Domspatzen, dem Pfarramt St. Emmeram und allen weiteren Institutionen und Personen, die uns die Entstehung der in diesem Bildband verwendeten Fotografien ermöglicht haben.

Der Autor

Der Augsburger Martin Kluger, Jahrgang 1957, schreibt seit 2003 Stadtführer und Kulturreiseführer und gestaltete gemeinsam mit dem Fotografen Wolfgang B. Kleiner mehrere Bildbände. Von Martin Kluger sind unter anderem erschienen:

- Regensburg. Stadtführer
  durch das mittelalterliche Weltkulturerbe
- Nürnberg. Der Stadtführer
  durch die fränkische Metropole
- Augsburg. Stadtführer durch 2000 Jahre Geschichte
- Donauwörth. Der offizielle Stadtführer
  der bayerisch-schwäbischen Donaustadt
- Die Fugger in Augsburg. Kaufherrn, Stifter und Mäzene
- Fugger – Italien. Geschäfte, Hochzeiten, Wissen und Kunst.
  Geschichte einer fruchtbaren Beziehung
- Die Fuggerei. Ein Führer
  durch die älteste Sozialsiedlung der Welt
- W. A. Mozart und Augsburg.
  Vorfahren, Vaterstadt und erste Liebe
- Deutsche Donau. Von Donaueschingen bis Passau
  zu Natur, Kultur und Geschichte
- Der Lech. Landschaft. Natur. Geschichte.
  Wirtschaft. Wasserkraft.

Mehr zum Autor auf www.wikipedia.de
unter Martin Kluger (Augsburg)

Der Fotograf

Wolfgang B. Kleiner, Jahrgang 1960, begann 1978 als Fotograf mit freier Mitarbeit bei Zeitungen und Zeitschriften in und um Augsburg. Über viele Jahre hinweg bereiste er dann mehrfach unter anderem die Sahara, Nord- und Mittelamerika sowie die Südsee, um sich fotografisch mit geografischen, sozialen und kulturellen Themen auseinanderzusetzen.

Wolfgang B. Kleiner fotografiert heute für Buchverlage und Werbeagenturen, Reisemagazine und Unternehmenszeitschriften. Gemeinsam mit dem Autor Martin Kluger hat Wolfgang B. Kleiner mehrere Reisetaschenbücher und Bildbände erarbeitet, darunter:

- Bad Hindelang. Bayerns zauberhafter Süden
- Augsburg. 2000 Jahre in Bildern
- Jakob Fugger (1459–1525). Sein Leben in Bildern
- Elias Holl. Der geniale Augsburger Baumeister der Renaissance

Wolfgang B. Kleiner hat zudem die Fotografie für den Reiseführer
- Aschaffenburg. Offizieller Stadtführer
  durch das bayerische Nizza

(von Autorin Tamara Süß) erstellt.